日常の中の「コリ」「痛み」「疲れ」の原因

日ごろの何気ない動作や姿勢のクセ。やっていませんか？こんなこと。

通勤中に…

仕事中に…

就寝前に…

同じ姿勢を長時間続けたり、偏った・窮屈な姿勢をとったり…不自然な行動や姿勢は知らず知らず体に負担をかけ、コリや痛みなどの原因になります。一日の生活の中で無意識にこのような動作を行っていないか、自分の生活や仕事の姿を振り返って見ましょう。

仕事の合間に からだケア
～こまめに解消コリ・痛み～

首・肩・背中のコリ・痛み

身体活動の多い仕事だけでなく、オフィスで働く人やドライバーなどあらゆる職種で多いのが首・肩・背中のコリ。
例えば前かがみになってパソコンにかじり付く姿勢を長時間続けると、頭を支える首・背中の筋肉に負荷がかかって収縮し、血行が悪くなります。これが「コリ」の正体です。

肩甲骨を緩めるのがポイント

首・肩・背中の筋肉とつながる肩甲骨を動かすことで、それぞれの筋肉をほぐせます。
大切なのは"肩甲骨が動いている"と実感しながら行うこと。

1. 肩甲骨を上下に動かす

① 頭の上で手の甲を合わせ、腕を上に伸ばす。

② 手のひらを外向きのまま腕を下ろす。（肘が体に付くまで）

① では肩甲骨が上に引っ張られるように"グッ"と上がることを実感しよう！

2. 肩甲骨を左右に開く

① 目の高さで手の平を合わせて、両肘まで付けるようにする

② 観音開きの扉のように両腕を左右いっぱいに開く。

② では左右の肩甲骨をグッと寄せるように意識して！

3. 肩甲骨をグルグル回す

① 肩に指先を置き、肘を脇に付ける。

② 肘を真上に上げ、肘先を大きくグルッと後ろから回して元に戻す。

② のとき左右の肩甲骨が離れたり寄ったりすることを実感しながら！

他の部位から筋肉を緩める

首・肩・背中の筋肉は胸や体側の筋肉ともつながっています。これらの部位をストレッチすることでもコリ・痛みを解消できます。

体側を伸ばす

体側を伸ばして背中もストレッチ。肋間筋（肋骨の間の筋肉）を伸ばしてあげるイメージで。

ラジオ体操でおなじみの「体を横に曲げる運動」。ここでは息を吐きながらゆっくり体側を伸ばし、息を吸いながらゆっくり戻す。
＊左右ゆっくり各１回

上半身をひねると背中周りの筋肉をほぐす効果も。腰の重さの解消にも有効なので、背中〜腰に疲れを感じたときにやってみましょう。

上半身をひねる

イスに腰掛けて、一方の手を座面、もう一方の手で背もたれに添え、息を吐きながらゆっくりと体をひねり、息を吸いながらゆっくりと戻す。肩に力を入れないように気をつけながら。

＊左右ゆっくり各１回

目の疲れ

パソコンの画面や書類の細かい文字、車の運転など、目を疲れさせる原因は日常にあふれています。こまめにケアして、大事な目を守りましょう。

チェックしよう、あなたの目

目の疲れ度	目の負担度
☐ ショボショボする	☐ 1日中パソコンと向き合っている
☐ 乾いた感じがする	☐ 近くのものが見えなくなった
☐ 奥が痛い	☐ 夜遅くまでテレビを見たり、パソコンやスマホを使っている
☐ 充血している	
☐ 頭痛がある	☐ 近くの物から遠くに視線を移すとぼやける
☐ 肩こりがひどい	

※疲れ度と負担度とあわせてチェックが3〜5個で中程度、6個以上で重度の疲れ目です！

疲れ目、冷やす？ 温める？

目の疲れや痛みを感じたとき、症状により温めるほうが良い場合と冷やすほうが良い場合があります。※改善しない場合は専門医に相談しましょう。

ショボショボする 頭痛・肩こりがある ➡ **温める** 目の周りの血行を促して癒す

目が赤い 痛みがある ➡ **冷やす** 目の充血を抑えて癒す

昼休みや休憩時間、疲れた目もひと休み。

目の体操で解消！

血行を良くする体操で目の疲れを解消！

①ギュッ！　②パッ！　③グルリ

① 目をギュッ！と閉じる
② 力を抜きパッ！と開く
③ 上下左右にグルリと動かす

何回か繰り返し、目の周りがジンワリ温かい感じがすれば血行が良くなった証拠。

スマホと上手に付き合おう

　日常生活に、仕事に、趣味に…常にスマートフォンを手放せないという人、いませんか？ 上手に付き合わないと健康上ちょっと気になることも。

"スマホ首"って？

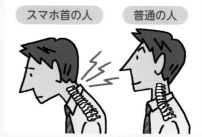

スマホ首の人　　　普通の人

正常な人の首は、やや後ろに反り頭を背骨の真上に保ちます。
スマホを見るため首を前に傾けるクセが付くと、首が真っ直ぐ伸び頭を支える首・背中に負担をかけます。これが"スマホ首（ストレートネック）"です。

首が前に傾くと、バランスをとるためあごが前に出ます。「スマホ首かな」と思ったら、真っ直ぐ立ってアゴに手を当て、ゆっくりと後ろに押し出す体操で、骨のカーブを元に戻しましょう。

アゴをゆっくりグーッと押す。1日に何回か、気づいたときに、というペースで。

習慣にしよう！

スマホを持つ手の肘をもう一方の手で支えると、自然に視線が上がります。

スマホで眠れない…

習慣にしよう！

就寝前にスマホでゲームに熱中、気づいたら今日も寝不足…。手元にあるとつい使ってしまうもの。
スマホのアラームを目覚ましに使っている人は、目覚まし時計を用意して、スマホは寝床から離れたところに置いてみては？
単純ですが、意外と有効です！

良い点も！　スマホのアプリには、歩数計で運動量を管理したり、その日に食べた食事メニューを選ぶと栄養やカロリーの摂取量が把握できるものなども。日々の健康のため、自分にあったアプリを探して上手に付き合いましょう。

足のむくみ・膝の痛み

長時間の立ち仕事の後など、足のむくみや膝の痛みを感じることは多いでしょう。
足の疲れによるむくみや痛み、簡単な体操やマッサージでこまめに解消！

むくみは動かして癒す

つらい足のむくみ、寝転んで足を上げたいところですが職場ではムリ。
積極的に動かして癒しましょう。

イスに座り片方の足はつま先、もう一方はカカトを床に着ける。左右反対に、カカト・つま先でトントンとリズミカルに床を叩く。
＊30回程度

足の筋肉を動きで下半身の血液を心臓に送り返す働き、"ミルキングアクション" はむくみの解消にも有効。また予防のためには、ふくらはぎの筋力アップが効果的です。

エレベーターを待つ間などに、つま先立ちでカカトを上げ下げ。筋力アップで「むくみにくい足」に。
＊ゆっくり10回程度

膝周りを緩めて痛みを癒す

筋肉の疲れによる膝の痛みは、膝周りの筋肉、腱（けん）、靱帯帯（じんたい）を緩めることで解消しましょう。

骨と骨をつなぐ靱帯を緩めると痛みが軽快することも。膝裏の左右両側、手で触れるスジが靱帯。

つま先を前に出して腰掛け、お皿の上の部分をグルッと囲むように両手の親指で押す。

膝の「お皿」の上には太ももの筋肉につながる腱があります。マッサージで緊張をほぐしましょう。

腰掛けて膝を曲げ、左右の手で左右それぞれ膝裏の靱帯をつかむようにマッサージする。

腰のだるさ

長時間同じ姿勢を続けるなど、腰に負担を掛けることでたまってくる、腰の重さやだるさ。痛みに変わる前に、腰周りの筋肉をゆっくりほぐしましょう！

ひねって、のばして癒す

腰〜背中のストレッチ

息を吐きながら体をひねります。

壁を背にして30cmほど離れて立つ。つま先を正面に向け、ゆっくり体をひねり、壁に手をついてから戻る。反対側も同様に。
＊左右ゆっくり1回

足の付け根のストレッチ

足を軽く開き、かかとを床に着けたまましゃがみこむ。
＊ゆっくり1回

骨盤周りの筋肉を緩め、腰痛を予防する効果があります。

体を反らし胸を高く！　グッと屈ませる

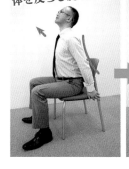

ヘソのぞきの運動

足を軽く開いて浅く腰掛け、腰を前に押し出すようにして、胸を高く上げながら上半身を反らし、ヘソをのぞくように背中を丸める。
＊前後ゆっくり3回程度

腰周りの筋肉、腹筋、背筋をバランスよく動かす体操です。反るときは息を吸い、背中を丸めるときは息を吐きながら。

左右に倒す体操

足を軽く開いて浅く腰掛けて上半身を片側に倒し、元に戻す。反対側も同様に繰り返す。
＊左右ゆっくり3回程度

腰・背中などさまざまな部位のストレッチになります。倒す側のお尻を浮かせて、骨盤を傾けます。

試して実感！意外なツボ

仕事中に「ちょっとコッてきたな」と感じたら、少しの間でも手を止めて気分転換がてら指圧をしてみましょう。気軽に試せて、すぐに効果を実感できるポイントをご紹介します。意外な場所から効くツボも！

首・肩・背中をスッキリ！

手三里（て さん り）

首・肩のコリ

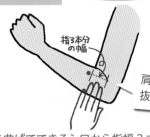

指3本分の幅

肩からフッと力が抜けます。

肘を曲げてできるシワから指幅3本分離れた、腕に力を入れると盛り上がる場所。押すと痛みを感じます。

中府（ちゅう ふ）

肩・背中のコリ

肩がジンワリと温かく！

鎖骨の両端（バックパックのベルトが通るあたり）から指幅2本分下がった、押すと痛みを感じる場所。

目の疲れ・頭をスッキリ！

風池（ふう ち）

頭スッキリ
目の疲れ
首のコリ

頭を両手で包むようにして、親指で指圧。目の奥がほぐれる実感があり、頭痛にも効果が。

首の後ろの筋肉の外側で、髪の生え際辺りのくぼみ。

肩井（けん せい）

頭スッキリ
首・肩のコリ

首・肩にビリビリと響き、効果を実感。頭の芯がスッキリほぐれる感覚があり、頭痛やストレスにも有効といわれます。

首を前に倒したときに首の後ろに出る突起と、肩先を結んだ中間の、ゴリゴリした場所。親指では押しにくいので人差し指と中指で。

百会（ひゃく え）

頭スッキリ

親指では押しづらいので中指で。ブラシでトントンと軽く叩いてもよい。

両耳を結ぶ線上の真上、頭頂部にある頭スッキリのツボ。

ツボの押し方

親指で垂直にジンワリと押すのが基本。
グリグリ押したり、むやみに強く押すことは筋肉を
緊張させ逆効果となることも。

垂直に、ジンワリと

ポイント
① 3秒かけてジンワリ押す
② 1秒保つ
③ 3秒かけてジンワリ戻す

胃の重さをスッキリ！

合谷 (ごうこく)

【合谷】人差し指の骨と親指の骨の交わる内側のくぼみ。
【胃腸点】手のひら中央より下、〵の線の下端あたり。
親指と他の指で手のひらを挟むようにして指圧する。

胃腸点 (いちょうてん)

胃の疲れ
首・肩のコリ
疲れ目

胃の疲れ
腹痛
胸焼け
下痢

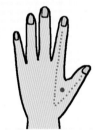

いずれも胃からは離れていながら、胃の疲れや緊張に効く。強めに
押すと、胃の周りがフッと緩むような感覚を実感できます。つい飲
みすぎ・食べ過ぎてしまった翌日の胃もたれにも。

足のだるさをスッキリ！

足三里 (あしさんり)

足のむくみ
足の疲れ
膝の痛み

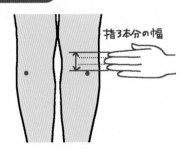
指3本分の幅

膝のお皿の下から指幅
3本分下で、中心より
外側にあるくぼみ。押
すと痛みがある場所。

★注意事項
妊娠中、ツボ周辺にケガや火傷があるとき、飲酒時・飲食後30分以内、サウナ入浴後、
発熱時、手術後などはツボ押しは避けてください。

転ばぬ先の からだケア！
～転倒予防のトレーニング～

からだのクセをチェックしよう

高齢者に限らず増加する転倒災害。「つまずきやすい」「いつも同じ足でつまずく」というときは、日ごろのクセで体の左右のバランスが偏っているせいかも知れません。

チェックしよう、あなたの行動

通勤中などの姿勢のクセをチェック

- ☐ 立っているとき、いつも同じ足に体重をかけている
- ☐ 座っているとき、いつも同じ足を上にして組んでいる
- ☐ 外出中に、いつもカバンを同じ方の肩に掛けている（同じ方の手で持っている）

2つ以上該当する人は体の左右のバランスに注意！ 左右交互にカバンを掛けるなど、意識してクセを改めましょう。

右肩にカバンを掛けると右肩が上がり、バランスをとるため右の骨盤が下がり右足に重心が偏ります。

チェックしよう、あなたのバランス

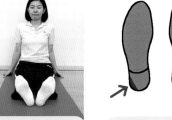
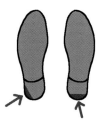

肩・骨盤の高さ
両肩の高さ、骨盤の高さが左右均等かチェック。

左右の足の開き
足を伸ばして座り、左右の足が均等に開くかチェック。

靴底の減り方
左右の減り方に偏りがないかチェック。

前後のバランスもチェック！

正しい姿勢とは？

- ● 壁に背中をつけたとき頭・肩甲骨・尻・カカトが壁に接している
- ● 耳・肩・肘・くるぶしが一直線になっている。

ポイント 「アゴを引き、重心は足裏全体に」を意識すると正しい姿勢に。

バランスを整えるエクササイズ

体のクセに気づいたら、簡単なエクササイズでバランスを整えましょう。

体のバランスを整えよう

骨盤の上げ下げ

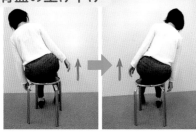

イスに座り、お尻を左右交互にゆっくり上げ下げする（上げた側の足はつま先立ちに）。
＊左右各3回×セット程度

足のスイング

ふとももが水平になるまで片足を前に引き上げ、ゆっくりと下げてそのまま後ろに引き上げる。
＊左右各3回×3セット程度

すねのストレッチ

壁に向かって片手でからだを支え、足の甲をつかんでカカトがお尻に付くまで引っ張る。足の甲を伸ばすようにするとすねが伸びる。
＊左右各10秒程度

足の横振り

腰に手を当てて立ち、片足ずつゆっくりと軽く横にあげて下ろす。
＊左右各3回×3セット程度

足の筋力アップも有効

足を引きずる歩き方は転倒の元。
ふくらはぎ、すねの筋トレが予防に効果的です。

カカト上げ下げ

イスなどにつかまり、カカトをゆっくり上げ下げする。
＊10回×3セット程度

つま先上げ下げ

イスなどにつかまり、つま先をゆっくり上げ下げする。
＊10回×3セット程度

日常の中で からだケア！
～運動量を増やそう～

通勤を運動タイムに

毎日運動の時間を確保するのは難しい人も多いでしょう。それならば通勤に一工夫して、毎日の通勤時間を運動量アップに活用してみては？

意外と歩ける？ 通勤経路

◆ 自宅（バス）駅（電車）駅（徒歩）職場

例えばこんな通勤経路の方は

- バスの経路を徒歩に変える。
- 電車の中ではできるだけ立つ。
- 駅では階段を使う。

など、運動タイムはたくさん作れます。

バスの経路を休日などに一度歩いてみると「意外と歩ける！」と実感できます。また余裕のある帰宅時は、いつもと違う道を通ってみると、新鮮な気分でつい長めに歩いてしまうかも。

◆ マイカー通勤の方は

- 駐車場は建物の入口から遠くに止める。
- 帰宅後に買い物・散歩など歩く習慣をつける。
- 休日は洗車・掃除など体を積極的に動かす。

などの工夫をして見ましょう。

昼休みも活用！

ランチタイム、あえて職場から離れたお店に歩いていくのも、運動量アップに有効。ウォーキングに楽しみも加わり、長続きできるかもしれません。

健康づくりウォーキングに挑戦

通勤時のこまめなウォーキング以外にも、休日などにより積極的に歩きたいときは、健康づくりに最適な歩き方を実践してみましょう。

正しい姿勢とは？

健康づくりウォーキングの姿勢のポイントは…
1. 背筋は真っ直ぐに（背中を丸めない・反らさない）
2. 視線は真っ直ぐ 15m ほど先を見る
3. 腕を大きく振る（"肘を後ろに引く"感覚で）
4. 歩幅は大きくとる
5. 膝は伸ばしきらない

＊カカトで着地し、つま先まで重心が移動することを感じながら歩きましょう。

どれくらいの速さがいい？

健康づくりウォーキングの基本は早足。普通の歩行と早足の歩幅の目安は…
- 普通歩行の歩幅　身長（cm）− 100
- 早足の歩幅　　　身長（cm）× 0.5

例えば身長 170cm の場合、早足の歩幅は 85cm。ゆっくり歩くには広すぎますが、"サッサッ"と歩くとちょうど良い歩幅です。これが適切な速さです。

ポイント　「大きな歩幅で、サッサと歩く」を目安に。

運動効果は？

早足のウォーキング 10 分間で消費するエネルギーの目安は次のとおりです。

体重	消費エネルギー
50kg	25kcal
60kg	30kcal
70kg	35kcal
80kg	40kcal

体重 60kg の場合、板チョコレート 5 分の 1 のカロリーはウォーキング 20 分で消費できます。少なく感じるかもしれませんが、通勤などのこまめな時間も活用して積み重ねれば、十分な運動効果が得られます。

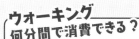

ウォーキング 何分間で消費できる？

チョコレート（50g）1 枚：約 280kcal
➡ 1 枚の 5 分の 1 として 56kcal

左の表から体重 60kg の場合 20 分間で 60kcal 消費できるので、20 分で燃焼！

すぐに実践
シリーズ

スキマ・エクササイズで からだケア

平成 29 年 11 月　2 日　第 1 版第 1 刷発行
令和　6 年　8 月 20 日　　　　　第 4 刷発行

編者
中央労働災害防止協会

発行者
平山　剛

発行所
中央労働災害防止協会
〒108-0023　東京都港区芝浦 3 丁目 17 番 12 号　吾妻ビル 9 階
TEL〈販売〉03（3452）6401〈編集〉03（3452）6209
URL　https://www.jisha.or.jp/

印刷
（株）丸井工文社

イラスト
エダりつこ

デザイン
（有）デザイン・コンドウ

©JISHA 2017　24096-0104
定価：275 円（本体 250 円＋税 10%）
ISBN978-4-8059-1774-9　C3060　¥250E